AF336289

THÈSE
POUR LA LICENCE.

L'acte public sur les matières ci-après sera soutenu,
le samedi 15 février 1834, à midi,

Par Pierre-Alexis REROLLE, né à Autun (Saône-et-Loire).

Président, M. **BLONDEAU**, Professeur.

Suffragans,

MM. **DURANTON**,
PONCELET,
ROYER-COLLARD, Professeurs.
VALETTE, Suppléant.

Le Candidat répondra en outre aux questions qui lui seront faites
sur les autres matières de l'enseignement.

PARIS.

VINCHON, FILS ET SUCCESSEUR DE Mᵐᵉ. Vᵉ. BALLARD,
IMPRIMEUR DE LA FACULTÉ DE DROIT,
Rue J.-J. Rousseau, Nᵒ. 8.

1834.

A MON GRAND-PÈRE.

A mon Père, à ma Mère.

JUS ROMANUM.

DE USUFRUCTU ET QUEMADMODUM QUIS UTATUR-FRUATUR.

(Pand., lib. 7, tit. 1.)

Servitutum personalium tres præcipuæ numerantur species : ususfructus, usus et habitatio.

Ususfructus, de quo nunc est dicendum, definitur jus alienis rebus utendi fruendi, salva rerum substantia; non est pars proprietatis, sed servitutis per quam fundus servit homini cui debetur ususfructus, jus personale dividuum quando quidem ad quid dividuum terminatur : hinc sequitur quod ab initio pro parte indivisa vel divisa constitui potest ; reo quoque promittendi defuncto, in partes hereditarias ususfructus obligatio dividitur.

Usumfructum in re constituere potest qui hujus rei dominus est, et quibuscumque personis constituitur.

Nunc quomodo constituatur ususfructus et quemadmodum quis utatur-fruatur, sequitur divisio.

§ I. — Quomodo constituatur ususfructus et acquiratur.

Pluribus equidem titulis constitui potest ususfructus. Frequentissimus est titulus testamenti, sed et pactionibus stipulationibus, in judicio familiæ erciscundæ et communi dividundo constituitur.

Adquiritur autem ususfructus nobis, non solum per nos-
metipsos, sed per eas quoque personas quas juri nostro sub-
jectas habemus.

Vel præsens, vel ex die, vel sub conditione, dari potest
ususfructus, non tamen ex die mortis ejus cui relinquitur.

Et generaliter aut rei soli aut rei mobilis ususfructus constat,
id est non tantum in fundo et ædibus, verum etiam in servis,
jumentis, statuis, imaginibus, numismatum gemmarumque
collectionibus, aut cæteris rebus quæ sunt in commercio, ex-
ceptis videlicet illis quæ ipso usu consumuntur, quarum non
ususfructus, sed per cautionem quasi-ususfructus constituitur.

Aut singularum rerum, aut omnium bonorum pure ususfructus legari potest, nisi excedat dodrantis estimationem,
alioquin lege Falcidia minueretur.

§ II. — Quemadmodum quis utatur-fruatur, quæ fructuarii et proprietarii jura et
obligationes.

Uti-frui re, est omnes fructus hujus rei percipere.

Rei soli, puta ædium usufructu legato, quicumque reditus
est, quæcumque obventiones sunt ex ædificiis, ad usufruc-
tuarium pertinent. Si fundi ususfructus sit legatus, quidquid
in fundo nascitur, quidquid inde percipi potest, ipsius fructus
est, sic tamen ut boni viri arbitratu fruatur; si quidem in sylva
sit ususfructus, animadvertendum an sylva cædua sit. Sylvam
cæduam cædere fructuarius potest, sicut et ipse pater-familias
cædebat, et ex ea pedamenta et ramos sumere; ex non cædua
in vineam tantum sumere, dum ne fundum deteriorem faciat.
De utraque autem accipe : quod si grandes arbores essent,
non posse eas cædere.

Jus venandi, piscandi in fructu est.

Ubi latet incrementum et ususfructus augetur, ubi autem

apparet separatum, fructuario non accedit. Fructuarius fundi, aut ædium etiam instrumento frui potest.

Si servi ususfructus sit legatus, quidquid is ex opera sua adquirit, vel ex re fructuarii, ad eum pertinet, et consequenter huic modica castigatio, ut ad operandum servum impellat, competit; si vero heres institutus sit, vel legatum acceperit, distinguitur. Partus ancillæ in fructu non est; itaque ad dominum proprietatis pertinet.

At in pecudum fructu fœtus est, sicut lac, pilus et lana : plane si gregis vel armenti sit ususfructus legatus, debebit ex adgnatis gregem supplere.

Omnes autem fructus qui, durante usufructu, percipi possunt, fructuarius percipere et percipiendo sibi adquirere potest; percipiuntur quum ipse, aut aliquis ejus nomine eos a terra separat, quamvis nundum collecti sint, vel ipse frui, vel alii fruendum concedere, vel locare vel vendere, potest, sed et si alii precario concedat vel donet utitur, sufficit enim ad retinendum usumfructum, esse affectum retinere volentis.

Fructuarius causam proprietatis deteriorem facere non debet, meliorem facere potest, ita ut boni viri semper arbitratu fruatur. Et aut fundi ususfructus legatus est, et non debet neque arbores frugiferas excidere neque villam diruere., sed lapidicinas, cretifonidas, arenifodinas vel ipse instituere potest, aut ædium, neque diætas transformare, vel conjungere, vel separare ei permittitur. Quin imo nec ampliare nec utile detrahere potest, quamvis melius repositurus sit.

Mancipiorum quoque usufructu legato, non debet abuti, sed secundum conditionem eorum uti.

At quoniam omnis fructus rei ad fructuarium pertinet, non dubitatur reficere eum ædes per arbitrum cogi, quemadmodum, in locum demortuarum arborum alias adserere. Sed si quas vetustate corruerunt, reficere non cogitur, item est si arbores vi tempestatis non culpa fructuarii eversæ fuerunt, substituere non cogitur. Illud quoque fructuarii onus est : imposita fundo tributa præstare, mancipia sufficienter alere et vestire secundum ordinem et dignitatem.

A refectione vero, sicut a cæteris fructus oneribus, liberari potest ususfructuarius derelinquendo usumfructum.

Sicuti debet fructuarius uti-frui, ita et proprietatis dominus securus esse debet de proprietate, et in a re usufructuarius satisdabit, si hoc desideratur.

Fundi dominus quamvis ususfructus alienus sit; non ideo minus rem in solidum, integro scilicet manente usufructu, obligare potest; at nec causam ususfructus deteriorem facere.

Denique ex natura ususfructus sicut, et omnium servitutum est, ut dominus rei fructuariæ non possit cogi quid in ea faciendum.

POSITIONES.

I.

Ususfructus non est pars dominii, sed servitutis.

II.

Si fur decerpserit vel desecuerit fructus maturos, verum est in pendenti dominium esse, hinc condictionem quoque pendere.

III.

Finito usufructu, fructus pendentes, vel percepti, non sunt dividendi inter dominum et fructuarium pro tempore quo constitit eo anno ususfructus in persona fructuarii, sieut pensio, servi locati.

IV.

Ususfructus exceptus, mortuo vero promissore, nundum in ejus persona, inchoato usufructu, heredi exceptus esse præsumitur.

V.

Si duos fructuarios proponas et ex alterius re servus sit stipulatus, verum est dicere; si servus nominatim non stipuletur, partim fructuario cujus ex re stipulatio est, partim domino adquirere.

DROIT FRANÇAIS.

DU CONTRAT DE MARIAGE.

(Code civ., liv. 3, tit. 5.)

DISPOSITIONS GÉNÉRALES.

La société des biens n'est qu'un accessoire du mariage, elle n'est point la suite nécessaire de la société des personnes.

Toutefois, depuis l'établissement de la propriété, de nouveaux rapports s'établissaient entre les époux, ce n'était plus assez d'avoir tracé les droits et les devoirs respectifs des personnes, il fallait s'occuper des biens.

On peut posséder des biens à l'époque du mariage; on peut en acquérir depuis.

On appelle contrat de mariage les conventions des époux relativement à ces biens.

Dans toute union conjugale il intervient des conventions sur les biens : ou les époux prennent soin de régler eux-mêmes ces conventions par écrit, et à cet effet l'art. 1387 Code. civ. leur donne toute latitude ; ou ils se reposent sur la vigilance de la loi, qui, à défaut de stipulations spéciales, se charge de faire leur contrat de mariage (art. 1387, 1393, 1400).

La loi répute mariés sous le régime de la communauté tous époux qui n'ont pas fait de contrat de mariage.

Toutes conventions par lesquelles on déroge à la communauté telle qu'elle est établie par la loi, resteront en dehors de l'objet que nous examinons aujourd'hui.

Nous n'avons à retracer que les règles de la communauté légale.

COMMUNAUTÉ LÉGALE.

La communauté, dit Pothier, est une société de biens entre époux.

Le principe de la communauté de biens entre époux apparaît dans les premiers âges de notre histoire ; César la trouva établie dans les Gaules (Comm., lib. 6, c. 18).

Comme toute société, la communauté, courant des chances de perte et de profit, se compose nécessairement d'un actif et d'un passif.

§ 1. — Actif de communauté.

L'actif de la communauté se compose :

1°. De tout le mobilier que les époux possèdent au jour de la célébration du mariage, ou qui leur échoit pendant sa durée à titre de succession ou même de donation;

2°. De tous les fruits, revenus, intérêts et arrérages échus ou perçus pendant le mariage, et provenant des biens qui appartenaient aux époux lors de sa célébration, ou de ceux qui leur sont advenus pendant le mariage;

3°. De tous les immeubles qui sont acquis pendant le mariage.

Il faut toutefois excepter : le mobilier donné aux époux, avec stipulation expresse qu'il ne tombera pas en communauté; les immeubles qui leur échoient pendant le mariage par succession ou dotation; ceux qui sont acquis en contre échange d'un immeuble appartenant à l'un deux; ceux qui sont acquis en remploi du prix d'un semblable immeuble; et enfin l'im-

2

meuble acquis même pendant la communauté, mais dont l'un
des époux était déjà propriétaire par indivis. Ces biens ne tombent pas dans la communauté, mais ils demeurent propres et
particuliers à celui des époux qui justifie de son titre de propriété.

§ 2. — Passif de communauté.]

Le passif de la communauté se compose :

1°. De toutes les dettes mobilières dont les époux étaient
grevés lors de la célébration du mariage, ou dont se trouvent
chargées les successions qui leur échoient, sauf récompense
pour celles relatives aux immeubles propres de l'un des époux.

Ce principe est corrélatif de celui qui fait tomber en communauté tout le mobilier des époux.

2°. Des dettes contractées pendant la communauté, par le
mari seul ou par la femme autorisée; ces dettes sont censées
contractées dans l'intérêt de la société, de l'être moral appelé
communauté.

3°. De toutes les dettes, même personnelles aux époux,
lorsqu'elles sont considérées comme charges des fruits de leurs
biens propres; tels sont : les réparations usufructuaires de ces
biens, dont la jouissance appartient à la communauté; les
arrérages et intérêts des rentes et dettes qui sont personnelles
aux deux époux.

4°. Des alimens des époux, de l'éducation et entretien des
enfans. L'établissement de la communauté, à laquelle les
époux concourrent ordinairement pour moitié, a eu principa-
lement en vue cette fin du mariage : éduquer et entretenir
les enfans.

Les successions mobilières qui échoient à l'un des époux
tombent en entier dans la communauté; les dettes de ces suc-

cessions, seront aussi pour le tout à la charge de la communauté.

Les successions purement immobilières demeurent personnelles à celui des époux qui les recueille ; les dettes attachées à ces successions devront donc aussi demeurer à la charge de celui qui les recueille.

Si une succession est en partie mobilière, en partie immobilière, elle tombera en partie en communauté, et pour l'autre partie restera propre à l'époux héritier. Dans ce cas, l'époux et la communauté contribueront au paiement des dettes, en proportion de ce dont ils ont profité ; et cette portion contributoire sera fixée d'après un inventaire fait à la requête du mari.

§ 3. Administration de la communauté.

Le mari administre seul les biens de la communauté, dit l'art. 1421 ; il peut les vendre, aliéner et hypothéquer sans le concours de la femme ; toutefois, comme des pouvoirs aussi étendus ne lui sont confiés que dans l'intérêt de la communauté et pour sa plus grande prospérité, ils ne sauraient aller jusqu'à lui permettre de disposer à titre gratuit des immeubles de la communauté, ni même d'une quotité de ses meubles.

La femme ne peut engager la communauté qu'avec l'autorisation du mari ; on ne pourrait même, par contrat de mariage, stipuler que le mari n'administrera pas la communauté.

Il n'en est pas de même des pouvoirs que la loi accorde au mari sur les biens personnels de la femme ; le législateur a seulement eu en vue l'intérêt de cette dernière, dont les biens seront probablement mieux administrés par le mari, qu'elle n'aurait pu le faire elle-même : aussi est-il loisible aux époux de modifier ces pouvoirs, et la loi elle-même a pris soin de les restreindre dans les bornes d'une simple administration.

Le mari seul ne pourra pas aliéner les biens personnels de la femme, les baux qu'il en fera ne pourront excéder neuf ans.

De cette manière, le mari tiendra dans ses mains les intérêts de la communauté, ceux de la femme et les siens propres; mais ces intérêts seront distincts. Pour être exercés collectivement, ils ne devront pas empiéter l'un sur l'autre; l'esprit de la loi, d'accord avec l'équité, est que ni la communauté ne puisse s'enrichir aux dépens des époux, ni les époux aux dépens de la communauté, ni l'un des époux au détriment de l'autre (1433, 1437, 1438).

§ 4. Dissolution de la communauté.

La communauté se dissout, comme toutes les sociétés en général : 1°. par la mort naturelle ou civile de l'un des époux; 2°. par la séparation de corps et par la séparation de biens ; 3°. et enfin, lorsque l'absence de l'un des époux a duré trente ans depuis l'envoi en possession provisoire, ou lorsqu'il s'est écoulé cent ans depuis sa naissance.

La séparation de biens ne peut être poursuivie qu'en justice et par la femme dont la dot est mise en péril. Le mari ne serait pas recevable à former une pareille demande : il ne peut imputer qu'à lui seul le désordre des affaires de la communauté.

Les créanciers personnels de la femme ne peuvent, sans son consentement, demander la séparation de biens : la faveur dont on entoure le mariage s'opposait à ce que des tiers pussent, par des motifs d'intérêt purement pécuniaires, jeter le trouble dans un ménage.

Enfin la séparation de biens ne peut avoir lieu par consentement mutuel : il eût été très-facile aux époux de s'entendre pour frustrer les créanciers des sûretés sur lesquelles ils ont naturellement compté en contractant avec le mari.

Par suite de la séparation de biens, la femme reprend l'administration de ceux qui lui appartiennent ; toutefois le lien de la puissance maritale n'est pas rompu, elle a toujours besoin de l'autorisation du mari pour aliéner ses immeubles.

Mais la communauté dissoute par la séparation de biens peut être rétablie du consentement des deux parties.

§ 5. — Acceptation et renonciation.

En matière de société ordinaire, un associé ne peut renoncer à la part qui lui revient dans l'actif, pour se débarrasser de la portion des dettes à sa charge : c'est cependant ce qui a lieu dans la communauté, ce que réclamait la justice en faveur de la femme qui, ne prenant aucune part dans l'administration de la communauté, ne devait pas être engagée par des actes auxquels elle n'avait pas participé.

La femme, ses héritiers ou ayant-cause, pourront donc renoncer à la communauté ; toute convention contraire est nulle.

Mais la femme, pour conserver cette faculté, devra faire faire bon et fidèle inventaire des valeurs de la communauté, et ses créanciers pourraient attaquer la renonciation qu'elle aurait faite en fraude de leurs droits.

En général, le silence de la femme ne fait pas présumer de sa part une renonciation tacite à la communauté.

Cependant, dans le cas de séparation de corps ou de biens, la femme qui n'a pas accepté la communauté dans les quarante jours après la confection de l'inventaire est réputée renonçante.

§ 6. — Partage de la communauté après l'acceptation.

Si la communauté a été acceptée par la femme, il y a lieu à procéder au partage de l'actif et du passif.

Avant le partage et pour appliquer les principes rappelés ci-dessus, les époux ou leurs héritiers rapportent à la masse des biens existans les sommes qui ont été tirées de la communauté et employées à leur avantage personnel; ils reprennent également leurs immeubles, le prix de ceux qui ont été vendus et toutes les valeurs à eux propres qui ont été versées dans la communauté.

L'équilibre ainsi rétabli, le surplus se partage par moitié.

Le partage, pour tout ce qui concerne sa forme, la licitation des immeubles, les effets du partage, la garantie et les soultes, est soumis à toutes les règles du partage des successions.

Chaque époux doit contribuer pour moitié au paiement des dettes communes, sauf l'exception faite en faveur de la femme de n'être tenue des dettes et charges de la communauté, que jusqu'à concurrence de son émolument, toujours par le même principe que la femme ne peut être victime involontaire de la mauvaise gestion du mari.

Il peut toutefois distinguer de la contribution l'obligation aux dettes.

Caque époux, vis-à-vis des créanciers, est obligé au paiement de la totalité des dettes auxquelles il s'est personnellement soumis; mais il a son recours contre l'autre époux pour ce qu'il a payé au-delà de sa moitié dans la dette commune.

§ 7. — Effets de la renonciation.

La femme renonçante perd toute espèce de droits sur les biens de la communauté, même sur ceux qui y sont entrés de son chef.

Il en est autrement quant à ceux de ses biens qui n'y sont pas entrés : elle reprend ceux qui existent en nature, et les récompenses et indemnités qui lui sont dues par la communauté pour le prix de ses immeubles aliénés, dont il n'a point été fait remploi.

Et de même qu'elle perd tout émolument dans la communauté, elle est déchargée de toute contribution aux dettes qui en dépendent.

POSITIONS.

I.

Lorsque le mariage a été célébré, on ne peut regarder comme licites les changemens faits au contrat qui en a réglé les conditions, sous prétexte que ce sont des avantages indirects entre époux permis par le Code civil.

II.

Avant le mariage, un des époux a vendu à vil prix un de ses immeubles; pendant le mariage, il exerce l'action en rescision :

1°. S'il rentre dans la possession de l'immeuble, alors il devra indemniser la communauté de la somme qu'il en aura tirée, pour restituer à l'acquéreur évincé;

2°. Si l'acquéreur offre le supplément du juste prix, ce ce supplément restera propre à l'époux vendeur.

III.

Lorsqu'un immeuble propre à l'un des époux est échangé avec soulte pendant le mariage, l'immeuble acquis en contre-échange ne peut pas être regardé tout entier comme propre, si la soulte égale ou dépasse la valeur de l'immeuble échangé.

IV.

Si un droit d'usufruit propre à l'un des époux a été aliéné pendant le mariage, la récompense, lors de la dissolution, sera du prix de l'aliénation, sans diminution pour cause de non-jouissance.

V.

Le mari doit indemnité à la communauté à raison des réparations civiles auxquelles il a été condamné, pour crimes n'emportant pas mort civile.

VI.

Lorsque le mari a vendu un immeuble de la femme sans son consentement, l'obligation de garantie qui en résulte n'est pas une dette de communauté; la femme pourra revendiquer son immeuble en totalité.

www.ingramcontent.com/pod-product-compliance
Lightning Source LLC
LaVergne TN
LVHW010113060726
842524LV00006B/2505